LA RÉFORME

DANS LA VILLE ET LA VALLÉE

DES BAUX

Par DESTANDAU, pasteur.

AVIGNON

FRANÇOIS SEGUIN, IMPRIMEUR-ÉDITEUR

11, rue Bouquerie, 11

—

1895

LA RÉFORME

DANS LA VILLE ET LA VALLÉE

DES BAUX

Par *DESTANDAU*, pasteur.

AVIGNON

FRANÇOIS SEGUIN, IMPRIMEUR-ÉDITEUR

11, rue Bouquerie, 11

—

1895

LA RÉFORME

DANS LA VILLE ET LA VALLÉE DES BAUX.

NOTICE HISTORIQUE (1).

I

La Réformation française est indigène. Elle est née sur notre sol. Précédée en Provence depuis des siècles par les Albigeois et les Vaudois, elle se manifesta de bonne heure au XVIᵉ, dans tout le diocèse d'Arles et aux Baux.

Du 27 juillet 1533 au 17 février 1538, Jean IX de Ferrier étant archevêque, plusieurs habitants des Baux furent excommuniés et quelques-uns *usque ad participatus et post ad brachium seculare.* Voici leurs noms: «Petrus Joubardi; Dominus Guillermus Ricardi; Joannes Rodus; Joannes Quenini; Honoratus Boheri, pastor; Joannes Molardi et Ferminius Canini, rectorum cappellanie Sancti Spiri-

---

(1) SOURCES. — Imprimés : *Histoire ecclésiastique,* par Théodore de Bèze. (Toulouse, 1882, 2ᵉ édit.)

Histoire de Provence, par César de Nostradamus. (1614.)

Abrégé chronologique de l'histoire d'Arles, par Lalauzière. (1808.)

Manuscrits : 1ᵒ Registres des délibérations des conseils des Baux, à partir de 1542, moins les années 1572-1594 qui manquent. (Art. 36 et 23, archives de la mairie de Maussanc.)

2ᵒ Minutes des anciens notaires des Baux. (Archives de Mᵉ Laville, notaire à Mouriès, et de Mᵉ Fréchier, notaire à Maussane.)

3ᵒ Registres de l'état-civil déposés aux archives du tribunal de Tarascon, à la mairie des Baux et de Mouriès.

4ᵒ Archives du consistoire de Marseille.

5ᵒ Archives de l'église réformée de Mouriès.

tus ; Ludovicus Serpolli ; Joannes Coye » (1). Dans son histoire, Lalauzière rapporte que, dans toutes les églises d'Arles, on publia, en 1534, *que personne ne s'avisât de suivre ou de prêcher la doctrine de Jean Calvin.* En 1542 on dressa la liste des personnes qui se confessèrent et firent leurs Pâques.

Quelques mois avant l'affreux massacre de Mérindol et de Cabrières, le capitaine viguier Claude de Manville ordonna, le 28 avril 1544, « estre faictes perhibition et deffance a son de trompe par les lieux accoutumés, que personne n'aye a louer nulles maisons a gens forestiers et incognus pour y venir habiter, pour ce que ledict Baulx est ville de regar, et ce sur la peyne de XXV livres tournois. »

Le 11 août 1548 (notaire Simon Salomé), noble Vincent de Grilhe refusa de payer la dîme du blé à Messires André Paravis et Jean Bolier, prêtres, parce qu'ils avaient cessé de célébrer la messe tous les dimanches à la chapelle de Montpaon. Le 18 juin 1559, eurent lieu des protestations indignées du conseil et des consuls « contre les propositions grandement diffamatoires du lieutenant d'Arles, qui accuse les habitants des Baux d'être tous Luthériens. »

Les prêtres Imberti et Paravis renouvelèrent les précautions prises en 1542. Ils sentaient que la situation religieuse devenait tendue et que les consciences s'émancipaient. Ajoutons à cela que les mandataires du conseil envoyés à Aix et à Paris pour la conservation des privilèges accordés aux habitants par le roi René, se trouvèrent fréquemment en présence des bûchers que le fanatisme avait allumés. A leur retour aux Baux, ils ne pouvaient s'empêcher de rendre témoignage à la fermeté et à la constance des martyrs.

Les historiens Th. de Béze et César de Nostradamus s'accordent pour établir que l'année d'après, au mois de mars, on comptait soixante églises réformées en Provence.

---

(1) Pièces justificatives, n° 1.

Le 24 mai 1560, sire Charles Laugier consul, exposa au conseil que « estant yer, 23 dudict mois, a la foire a Beaucaire, il auroit esté adverty par plusieurs personnes que Monsieur de Movans avec ses complices avoit deliberé se saisir dudict Baulx et icelle surprendre pendant les moissons que le petit peuple sera a recueillir ce peu de biens qu'ils ont aux champs, que seroit une grande injure faicte a lad. ville, d'aultant que l'on pourroit presupposer que lad. ville luy auroit presté faveur... » Le conseil, à l'unanimité, fit établir quatre hommes à la garde de la porte.

Au mois d'octobre suivant, le comte de Tende fit appeler auprès de lui, à Tarascon, Jean Saudal et Charles Laugier, consuls, et Pierre de Leyre, lieutenant de viguier et juge, pour « sçavoir et entendre, entre aultres choses, sy oultre le debvoir, que par cy devant lesd. habitans ont faict de garder lad. ville, suyvant leur ancienne coustume et privillege, et mesme puys et en ça le bruict que se seroit espandu, por le regard de ceulx qui se seroient getés aux champs contre la saincte Eglise catholique et ministre d'icelle, l'occasion se presenteroit si fort que de renfourcer leur garde tant de nuict que de jour et de ce faire lui donner bonne et valable obligation. » Réuni le 18, le Conseil promit de « garder et conserver lad. ville des Baux tant de nuict que de jour et que en icelle n'y entrera et se retirera personne, que l'on n'aye bonne assurance de luy, et que par leur deffault et negligence ne viendra aulcung inconvenient ne surprinse a lad. ville (1) », et envoya au comte un présent de 6 chapons et de 6 perdreaux.

Le 3 novembre, on reçut une lettre du gouverneur datée du 29 octobre, donnant les mauvaises nouvelles « que l'on a chascun jour pour le faict de la religion » et avertissant de « tenir le present lieu en sureté por le faict de la reli-

(1) Pierre Manferel, notaire.

gion, faire murer et barrer les portes faulces, haultes et basses. »

Pendant cette époque troublée l'*obrier* de l'église Saint-Vincent redoublait de vigilance pour la conservation des objets du culte. Le portier vieux et caduc était remplacé par Arnoux Jaillot. On établissait aux portes deux ou trois hommes « afin d'empêcher *les suspects*, etant donné la grande sedition dans la ville d'Arles », de se retirer aux Baux. Un jeune gentilhomme d'origine étrangère, Monet de Fabre, était appelé à remplacer le capitaine du château, Pierre de Cotheron ; mais les habitants firent une violente opposition. Ils sollicitèrent et obtinrent pour capitaine Jean de Manville, déjà gouverneur du château de Peyrolles et neveu de Claude, dont le souvenir de l'administratif paternel et bienveillant était encore vivant dans tous les cœurs. Le nouvel officier fut installé le 15 avril 1561.

La séance du conseil du 2 novembre, présidée par Pierre Lère, fut consacrée aux Réformés. « Auquel conseil a esté exposé par les consuls Baillo et Gronard, comme ils auroient heu plusieurs plaintes et doleances de certains personnaiges allans de nuict avec armes offensives par le present lieu des Baulx, soubs pretexte de certain guet que naguieres a esté faict, que donne crainte, timeur et murmure au peuple, estans por raison de ce troublés et fort scandallisés. S'ensuyt que par cy devant n'auroient veu pourter armes au present lieu ordinairement comme l'on faict à present. Et neantmoings que dans le present lieu y a gens malvivans, malsantans de la foy, vagabonds bannis et dechassés, et au surplus que toute sorte de gens indifferament entrent au present lieu, sans scavoir ne s'enquerir dont ils viennent, et ce par le deffault du portier comis a la garde des pourtes ; qu'est la cause pourquoi ils auroient assemblé le present conseil.

« Imbert Mollard a illec dict qu'il a ouy dire que le guet que se faisoit, ne se faisoit por aultres fins que por sauver une nommée Suzanne, laquelle l'on voulloit geter des barris a bas. Mathieu Flandrin a dict avoir entendu qu'il y a quelq'un en ceste ville qui retire en sa maison quelq'ungs suspects de la relligion, que ont esté getés hors la ville d'Arles, qu'est ung mauvais exemple. Anthoine Guilhaume a dict qu'il y a en ceste ville une nommée Suzanne Bellonne, aians autresfois espousé ung prestre... et qu'il n'est pas bon la retirer dans ce present lieu. Mᵉ Jehan Jullian a dict que l'on ne debvoit point recepvoir lad. Suzanne, estant elle naguieres venue de Genesve, sans au prealable par devant les officiers promettre et jurer de doresnavant vivre catholiquement ; et que dans le present lieu il n'y a qui invectivent et se moquent de ceulx qui vont a l'esglise, les appelans papistes, bigots et bigottes, et qu'il est bruict es lieu chircumvoisins que au present lieu se font assemblées illicites contre les edicts du Roy... Loys Bermond dict qu'il n'i a aucuns qui vont a l'esglise, faisant barbe de paille a Dieu, car au lieu de faire leurs oraisons, virent le dos au prestre tenant *corpus Domini*. Mᵉ Loys Quenin dict que aucuns vont de nuict par ville, chantans les psaulmes de David, cyblans es pourtes et pourtans armes, mettans lesd. armes par dessoubz les pourtes, faisant per a ceulx que sont dedans. Mᵉ Blaise Gibert dict que le pourtier laisse entrer dans la ville plusieurs estrangiers avec armes et estans lesd. estrangiers logés en leurs logis, voullans led. pourtier avoir leurs armes, les hostes se mocquent de luy : chose que ne se debroit estre endurée. Jehan Percier dict que vendredi passé, environ la minuict, a la plasse publique, il y en avoit trois qui chantoient les psaulmes de David. Jehan Guillaume a dict que en la ville d'Arles luy auroit esté dict que es Baulx l'on retiroit les bannis et malvivans d'Arles.

« Le procureur du roy (Mᵉ Richard Sordet), ouy et entendu ce que dessus, auroit requis estre informé dilligemment des vies, meurs, conversations et malefices des malvivans, por le foict y estre porveu ainsi que de raison. »

A la majorité des voix, le conseil décida : « Qu'il sera enjoinct a Arnoux Jaillot, pourtier et garde des pourtes de la ville, de ne vacquer a aultre chose que a la garde des pourtes ; aultrement ne y faisant son debvoir dans trois jours, sera pourvu d'ung aultre. Dans lequel temps sera informé de la mauvaise vie des malvivans, et a ces fins, l'on se retirera a justice, le tout aulx despens de qui appartiendra ; et cependant, pour obvier aulx inconvenients que pourroit survenir, et por la suresté de la ville, seront foicts guetz, presents ou appelés les consuls et aultres personnes notables ; et doresnavant les pourtes de lad. ville se ouvriront a cinq heures et fermeront a huict, sans que soit permis, passées lesdites heures, les pouvoir ouvrir ; les clefs desquelles pourtes seront mises es mains des consulz. »

Le 23 du même mois, il fut décidé de mettre « hors la ville les vagabonds » et d'augmenter la garde des portes.

La surprise du château et de la ville de Beaucaire jeta l'épouvante dans les environs. Le comte de Sommerive fit ouvrir aux Baux la porte fausse et ordonna d'établir des guets composés de tous les habitants, sans quoi il enverrait une compagnie de gens de pied. Se trouvant à Salon, la comtesse de Tende écrivit, le 1er avril 1562, aux consuls pour se plaindre de ce que le château n'était pas gardé. Elle ajouta « que si vous n'y pourvoiez de bonnes et suffisantes gardes, tant de jour que de nuict, Mgr a son retour sera constrainct y envoier des souldats a cet effect, mais ce sera a vos despens. » Le procureur fit remarquer à son tour que « ces jours passés aucuns seroient entrés dans la chapelle du chasteau et auroient rompu et brisé les ymages que y estoient, et getés dans la cisterne », au sujet de quoi des informations furent prises, ainsi que « sur le bris des croix au terroir des Baux. »

Ayant l'intention d'envoyer aux Baux ses meubles et son ménage, le comte de Tende écrivit le 5 avril pour demander toutes les charrettes du pays. Toujours très-soumis, le conseil décida d'y pourvoir promptement et de lui faire un présent de bons fromageons et de six cabris.

La séance du 29 avril fut particulièrement émouvante. Unanimes pour la défense de la place, les conseillers ne le furent point pour se donner un chef. Jean de Manville donna lecture d'une lettre du comte de Tende (1), relative aux élections consulaires prochaines et sur le choix à faire, ajoutant « qu'il requiert obeissance, faveur et main forte contre ceulx qui seroient scandalleux, rebelles et desobeissants aud. sieur et ses gouverneurs... » Les consuls et les conseillers, au nombre de 37, levèrent la main, « promirent et jurerent fidelité au Roy, au comte et obeyssance au sieur capitaine, et se emploier lors et quand seront requis. »

Élus consuls le 3 mai, Claude de Manville et Mathieu Flandrin furent installés le 14. Dans cette séance, Jean de Manville rappela aux conseillers qu'ayant été nommé par le roi capitaine du château des Baux, le concours de tous lui était nécessaire pour remplir sa mission ; et sur ce que « messire Pierre Grossi, prebstre et curé de l'eglise Saint Vincent aud. Baulx luy auroit rappourté que aucuns l'avoient menassé, et qu'il n'estoit plus facile de faire le service divin en lad. eglise, pour raison de quoy il se vouloit absanter, ledict sieur capitaine a illec faict inhibitions et deffenses auxd. sieurs consuls et assistans de ne troubler et empescher ledict service divin... a peyne de desobeyssance au Roy nostre dict seigneur et d'encourir les peynes pourtées par ses ordonnances et edicts ; de ne se entre injurier l'ung l'autre, ne provoquer a esmotion et scandalle et de ne faire aucunes assemblées por le faict de la relligion, en autre part

(1) Pièces justificatives n° II.

et forme qu'est pourtée par ses edicts... ains de vivre continuellement et pacifiquement les ungs avec les autres, sans rechercher les consciences l'ung de l'autre. »

Malgré toutes les précautions prises et le courage personnel de Jean de Manville, ceux de la Religion s'emparèrent des Baux et de son château féodal, perché depuis des siècles à l'angle N.-E. de l'enceinte fortifiée, creusé en grande partie dans les *barris* évidés et dominant le plateau monolithe sur lequel la ville semble être accrochée. Cette occupation eut lieu fin mai, et les catholiques se réfugièrent à Arles, où ils furent reçus à bras ouverts.

Commandées par le capitaine Jean de Quiqueran, les troupes de Sommerive reprirent les Baux quelques jours seulement avant la bataille de Saint-Gilles, et après un mois et demi de siège. Les représailles contre ceux qui avaient brûlé les meubles du château, au-devant de la porte fausse, tout près de la chapelle Ste-Catherine, furent terribles. Le sang des vaincus coula partout dans la ville et ses environs. On compta parmi les massacrés : Pierre Maiet ; Pierre Maret ; Beauregard : Brancaix ; Pierre Peyre, fils de sire Petit-Jean ; et deux fils de Sébastien Olivier, son rentier. Quant à Gauven Coye, âgé de 23 ans, il fut détenu dans les prisons du château jusque au mois de décembre, époque où il fut échangé contre un seigneur de l'armée catholique. Claude de Manville, premier consul, Antoine Peyre et les trois fils de Richard Sordet, furent du nombre de ceux qui échappèrent à la mort, par la fuite. Tous les frais de guerre furent payés par les huguenots, dont quelques-uns étaient les plus riches propriétaires fonciers de l'endroit. Petit-Jean Peyre eut sa laine confisquée durant le trajet du mas de Servanes à Avignon, et on enleva 50 brebis à Brisson Peyre.

Nommé gouverneur des Baux, le capitaine Jean de Quiqueran fut tué, le 21 février 1563, dans l'église Saint-Trophime, à Arles. Le 13 juillet, le procureur du roi, Me Richard Sordet, protestait contre l'élection de son

successeur, Gaucher de Quiqueran de Ventabren-Méjanes ;
mais étant lui-même suspect et ayant trois de ses fils de la
nouvelle religion, il fut passé outre.

Le 26 décembre, le conseil protesta vivement auprès
du chapitre Notre-Dame d'Avignon, contre la conduite
scandaleuse et l'impiété de deux prêtres, Pierre Grossy et
François Morlani, et demanda leur remplacement.

Le 16 avril 1564, le conseil, pour se conformer à l'édit
du roi, décidait que « ceulx de la relligion seront receus a
la maison commune et affaires de la ville, a tout le moins
les plus apparants et solvables, et seront receus a toutes
dignités, estatz et offices, comme par cy devant, hormis
ceulx que ne sont solvables et sont indiscrets, tant d'une
relligion que d'autre. » Ce dernier acte de justice fut pour
l'église naissante le point de départ d'une ère de paix, de
considération et de prospérité qui dura 17 ans, et pendant
laquelle le nouveau baron, Honoré des Martins, dit le capitaine Grille (nommé en novembre 1563), s'appliqua avec
un soin attentif à réparer les maux de la guerre civile, à
établir et à maintenir la bonne harmonie et le support
entre tous les habitants des deux communions. Aussi
en 1570, le lieutenant de capitaine, Charles Laugier, l'un
des ancêtres de la famille noble de ce nom, donnait en
mariage sa fille Jeanne à Jean Manson de Bertrand, qui
était protestant et la cérémonie religieuse avait lieu
selon le rit de l'église réformée. En même temps des
étrangers venaient aussi aux Baux, les uns pour s'y marier, et les autres pour y mourir tranquilles. C'étaient :
Cymon Garauvier, tailleur, de la rue Saint-Antoine, de
Paris, qui épousa Marguerite Aillaud, fille de Jean,
notaire de Saint-Remy ; Gaspard Mercier, praticien, de
Vienne, qui devint le mari de Claude Laugière, fille
d'Esprit ; Jean Abraham, bourgeois de Nîmes ; Thonin
Pasquet, de Gordes ; Guigue Sarrazin, de Céreste ; Jean
Daniel, messager de Saint-Remy, « malade des plaies et

blessures faictes en sa personne par aucuns ennemis et malveillans », y terminèrent leurs jours.

A défaut des registres des délibérations consulaires, qui manquent de 1572 à 1593, les notaires Pierre Manferel, Louis Quenin, Jean Salomé, Jean Peyre nous ont conservé des renseignements précieux. C'est à eux que nous devons de posséder le nom d'un des premiers pasteurs, Jean Pascal, qui n'est autre probablement que l'écolier de même nom, originaire d'Auriol, immatriculé au livre du recteur de l'académie de Genève à la date du 15 décembre 1565. Plus tard le livre de raison de Mᵉ Jean Peyre nous donne pour 1584 celui de M. Ruffi ou Ruffin.

Le 10 avril 1566 (notaire Louis Quenin, Mᵉ Jacques Bonté chirurgien, établi et marié aux Baux vers 1540, après avoir comme fidèle chrétien recommandé son âme à notre Sauveur Jésus-Christ, voulut « être inumé sive ensepely en la forme de l'Eglise crestienne reformée » ; il légua « pour le honneur de Dieu, cent souls aux povres filles a marier de la religion crestienne reformée, et aux povres messieurs du present lieu trente souls payables un an après son decés », qui n'eut lieu que dix ans plus tard. Avant cette date, la forme des funérailles était laissée « au soin et a la discretion » des exécuteurs testamentaires.

Le 8 juillet 1571, le notaire Pierre Manferel écrivit le contrat de mariage de Jean Plasse et Anne Caucin, de la ville de Paris, chambrière de la dame des Baux. Il était stipulé que ce mariage, dont la fiancée était dotée par la sénéchale, « sera celebré en la forme reçue en l'eglise reformée et selon sa discipline. » Ajoutons que l'acte fut passé au château des Baux.

Le 19 mai 1573, le notaire Louis Quenin, fit le contrat de mariage d'Eymon Peyre, fils de Petit-Jean et de Honorade Coye, et Françoise de Margot, fille de Jean, en son vivant écuyer de la ville de Tarascon et de Metelline de Brenguier. Ici encore le mariage « sera célébré en la forme ordonnée entre les crestiens. » L'acte fut passé dans la salle basse du château des Baux, « en présence de M. Maurice Fanyer, sieur de Forniquet, de Nismes, et Me Lyounard Cosme, docteur es droicts de la ville de Carpentras, et Jean Renaud, sieur d'Aquella, habitans dudict Baulx », qui signèrent avec le capitaine Grille, et Jeanne de Quiqueran, sa femme.

Ces actes, que nous pourrions multiplier, suffisent pour montrer que la discipline des églises réformées était connue et en vigueur aux Baux ; que les seigneurs du château entouraient d'une même sympathie les différents membres d'une église, qui comprenait dans ses rangs : Honoré des Martins, sénéchal de Beaucaire et de Nîmes, capitaine et baron des Baux, mort à Paris le 14 novembre 1581, à l'âge de 59 ans ; sa femme Jeanne de Quiqueran, décédée aux Baux le 1er mars 1588 ; sa sœur Marguerite de Beaujeu, femme de Joseph de Bouchon ; Claude de Manville et sa femme, Yolande de Paul, de Lamanon ; Barthélemy de Cavaillon, sieur de Cabassol ; Pierre de Beauchastel, écuyer de Courthezon ; Anthoine de la Tour, sieur du Brau ; Petit-Jean, Anthoine et Jeannon Peyre, frères, fils de Monet ; Brisson, Claude et Guillem, leurs neveux, fils de Jean Peyre Crotte ; Gauven Coye ; Guillem et Vincent Ricard ; Armand Leyre ; le capitaine Eymon Peyre ; Jean Manson ; André Quenin ; Jacques Bonté, chirurgien originaire de la Bourgogne ; Jean Peyre, notaire ; Nicolas Martel, de la ville d'Étain, arquebusier ; Guillem Sarrasin, Jean Plasse, Simon Chippre, de Lyon ; Jean et Marquet Verpian, de Noves; Jacques Vianès, ménagers, etc.

Outre les documents déjà cités, il nous reste encore de cette époque une prière manuscrite qui commence ainsi : « Seigneur Dieu qui m'as donné et conservé la vie, disposant d'icelle selon ta saincte volonté, tu peux m'alleger en ma foiblesse, aultant et comme il te plaira : dis le mot, je serai gueri ; tu as la longueur de mes jours, et mes temps sont en tes mains ; mais si tu m'appelles maintenant par le chemin de la mort en mon vrai pays qui est le ciel, mortifie

prealablement en moi tout dereglement de la vie presente,
puis me fortifie par ton Saint Esprit...» et la superbe croisée,
portant sur sa frise la noble devise de Genève : POST TENEBRAS
LUX, 1571, qui faisait partie d'un pavillon appartenant à
Brisson Peyre, dans lequel le culte réformé a dû être célébré. A l'heure qu'il est, cette ruine bien connue se trouve
comprise avec l'église Saint-Vincent dans un même projet
de restauration qui doit s'accomplir sous la direction de
M. Henri Revoil, correspondant de l'Institut, qui s'est
occupé depuis 1850 des relevés des monuments des Baux,
et dont les travaux sont déposés aux archives du ministère
des Beaux-Arts.

II

Après avoir traversé, non sans de grandes angoisses,
l'époque troublée de la Ligue, durant laquelle les cérémonies religieuses paraissent avoir été interrompues, les Réformés des Baux bénéficièrent de l'ordonnance royale don-
née à Nantes au mois d'avril 1598 par Henri IV. Au commencement du XVIIᵉ siècle, plusieurs d'entre eux, Eymon
Peyre, Jean Peyre, notaire ; Simon Chippre, Pierre de
Manville, etc., furent élevés aux dignités consulaires. Un
cimetière fut affecté pour leurs morts dans le vallon de
Josaphat, auprès de celui des catholiques. Toutefois, après
la mort d'Henri IV, ce temps de tolérance et de paix prit fin.

Le capitaine viguier Pierre de Vérace était mort en
1611. Un avocat du Parlement, Pierre de Savornin, originaire de Cadenet, fut désigné pour lui succéder. Mais le
Parlement, le baron et les habitants des Baux s'y opposèrent
avec énergie. Dans la séance du 8 décembre 1613, le conseil
décida « de ne point recevoir le sieur de Savornin, pour
eviter toutes seditions et troubles et d'en bailler advis a Sa
Majesté, attendu qu'il est de la Religion Pretendue Reformée et que le recepvant en telle charge pourroit porter
trouble au repos des habitants de ce lieu... que le sieur
Baron les a maintenus en paix... que leur ville est de

regard et de frontiere. » L'opposition triompha, et Jacques de Vérace, fils de Pierre, fut nommé par le roi et installé le 6 mai 1618. Le nouveau viguier dut payer à Pierre de Savornin la somme de 3,000 livres.

Jacques de Vérace était un catholique très-militant. A peine entré dans l'exercice de ses fonctions, il s'ingéra dans les affaires du sieur de Manville, qui protesta le 3 juillet par devant notaire. En 1619, il établit aux Baux la confrérie du Saint-Rosaire, dont il faisait partie. Le 17 février précédent, il avait fait défense « aux hosteliers de bailler manger et boire a aulcune personne, de quelque qualité et condition que ce soit, pendant et durant le saint et divin service dud. lieu, les jours de dimanches et festes, a peyne de 25 sols d'esmendes la premiere fois et de 100 sols la deuxieme. » Enfin, il s'opposa, de tout son pouvoir au nouveau pasteur que l'Église réformée avait appelé. Ce pasteur, Jacques Piallat, originaire d'Orange, était arrivé au mois de mai 1619. Pierre de Manville et Yolande de Paul, sa mère, l'accueillirent dans leur maison, sise rue de la Place-aux-Fours, vis-à-vis la rue et la place de la Lauze. Dès son arrivée, le 27, le capitaine viguier et les deux consuls s'informèrent du motif de sa présence, et ayant appris de lui-même que c'était pour exercer les fonctions de son ministère, ils lui signifièrent « d'avoir à vuider et a desemparer lad. ville », ce à quoi le pasteur refusa d'obtempérer. Cependant et dans un but de conciliation, il se retira au château de Manville, sis au quartier de Conilhe. Là ses ennemis, qu'aucune concession ne pouvait désarmer, interrompirent, par sept fois, durant le cours d'une année, les assemblées religieuses, déployant un zèle et une activité dignes d'une meilleure cause. La Cour de France avait donné, en effet, ordre au baron de disperser les assemblées et de les rendre tout à fait impossibles, en ayant soin cependant d'éviter l'effusion du sang.

Le dimanche 14 juillet, sur les 4 heures du soir, les Réformés, au nombre d'une soixantaine, revenaient d'une assemblée tenue à Manville, quand Jacques de Boches, les voyant monter, ordonna le fermeture immédiate des deux portes. Cette mesure vexatoire provoqua des paroles extrêmement vives. « On nous refuse l'entrée des Baux, dit Pierre de la Tour, alors que celle-ci est accordée librement aux personnes les plus viles. » — Il nous faudra remplir les puits de catholiques, comme on fit un jour à Nismes, » dit Jacques Sordet. — « C'est ainsi que nous traicte le baron gouverneur, qui nous est redevable des hautes fonctions de sa charge », dit André Grivet, etc. Cependant, le portier Jacques Sicaud, ayant reçu de nouveaux ordres, laissa entrer ceux de la ville, à l'exclusion des étrangers. Seul, Pierre de la Cour, de Forcalquier, allant à la foire de Beaucaire, fut autorisé à prendre son repas à l'auberge; mais, comme il s'y attardait, des soldats le prirent et le mirent dehors.

Le mercredi 21 août, eut lieu une autre alerte. Un campagnard, sur l'heure de midi, en arrivant à la place des Baux avec son âne, se mit à crier : « Arry, ministre », ce qui provoqua parmi les personnes présentes un grand tumulte. S'adressant au capitaine viguier, que les clameurs de la foule avaient attiré, l'apothicaire Jacques Sordet lui dit : « Si vous ne faites cesser ce cri séditieux nous crierons : « Arry, pape. » Mais le viguier «lui ayant remonstré de se contenir en toute modestie…. et demonstré sur grande peyne d'avoir a se retirer et faire ses affaires, auroit respondu en collere, en se retirant sous l'arc de la place, que meschans sont veus et escoutez et non les bons. »

Enfin, le 27 du mois d'octobre, ceux de la Religion se réunirent au terroir des Baux, à Mouriès, dans la maison de Simon Chippre, appelée la Crotte. On devait baptiser Charles Peyre, fils de Claude et de Marguerite, et afin que la cérémonie ne fût pas interrompue comme elle l'avait été au grand moulin de Manville, plusieurs des assistants avaient porté leurs armes. Malgré toutes les précautions prises, la nouvelle en parvint à Jacques de Boches, qui se hâta d'envoyer à Mouriès le capitaine viguier, le procureur du roi, les deux consuls Jacques Manfcrel et Antoine Moulard, « avec autres personnes armées, afin de rendre le bras de la justice plus fort. » Ils trouvèrent le culte déjà commencé. Ils firent néanmoins, mais inutilement, les sommations voulues. Cependant le procureur du roi n'osa pas employer la violence, mais se tenant au bas de l'escalier en pierre, il attendit la fin du service divin, se bornant alors à protester avec violence contre ces « sortes d'assemblées, tenues, dit-il, contre la volonté du roi et celle du baron des Baux. » Pour tous ces faits, il y eut des témoins entendus, des informations prises, des procès-verbaux dressés et des incarcérations dans les prisons des Baux, de Montmajour et de Grenoble. Décrété de prise de corps, Jacques Sordet abandonna sa boutique pour se réfugier à Mouriès, au « masage des Coye. » Quant au pasteur, il ne fut pas oublié : on le menaça de « cent coups de bastons et aultant dès etrivieres. »

Pierre de Manville et les anciens de l'Église persécutée eurent recours au parlement de Grenoble pour avoir justice. De son côté, Jacques de Boches, dans sa supplique au roi, présentait ceux de la Religion comme des révoltés, et, « qu'en ce faisant travailler, icelluy suppliant les susdits officiers et consuls, n'avoit rien faict que pour l'observation des edits de votre Majesté. » Il ajoutait : « ladite place dès Baux est un lieu très important et sur lequel ceux de ladite religion pretendue reformée ont jeté les yeux de longue main, estant situé entre les villes d'Aix, Arles, Tarascon, Avignon, Sallon, qui n'ont aulcuns droict de faire exercice de lad religion audit lieu ny en ce terroyr, pour ne le estre concedé par les edits ; il plaise a votre Majesté faire inhibition et deffance aud. ministre et autres de la dite religion pretendue reformée de faire aulcuns exercices d'icelle dans ledit terroyr des

Baux, a peyne d'estre declarez perturbateurs du repos public, et de deffandre a ladite cour de Parlemant de Grenoble et Chambre de l'Edit de conoitre des susdites choses passées entre ledit suppliant, officiers et consuls et ledit ministre et autres de la religion pretendue reformée et envoient le tout a votre dite Majesté, avec deffances aux parties et a votre dict procureur général de faire aulcune poursuite, a peyne de nullité de procedure et de tous despans, dommages et interest, et le suppliant continuera a prier Dieu pour la santé de Votre Majesté et toute prospérité. »

Louis XIII évoqua par devant le Conseil d'État les affaires des Baux, et, à la date du 7 mars 1620, l'arrêté suivant fut rendu : 1º Défense au procureur et à la Chambre de l'Édit de Grenoble d'en prendre connaissance ; 2º au sieur baron, capitaine viguier et consuls de molester les Réformés dans leurs personnes et dans leurs affaires, avec liberté pour eux d'entrer dans les Baux et d'en sortir ; 3º aux Réformés « de rien innover ny faire exercice de lad. religion en autres lieux que ceux qui leur ont esté establys par les comissaires deputez pour l'execution de l'edit. »

Malgré l'intervention royale, les persécutions continuèrent. On s'attaqua d'abord au seigneur de Manville, afin de lui arracher son droit de juridiction ; on fit des démarches actives pour faire incorporer son domaine à la couronne et pour le mettre ensuite en vente à Aix avec ses revenus. Toutefois, sur l'initiative de l'avocat de la communauté, un compromis intervint entre les sieurs Nicolas Vincent, lieutenant de capitaine viguier, de Beauvezer, le sieur de Barrême et de Manville, lequel s'engagea « a ne se servir de lad. juridiction pour y etablir patibulaire, pillori... et moins pour y faire l'exercice de la religion pretendue reformée. » De leur côté, ses ennemis mirent fin à toute poursuite. Ainsi finit, au mois de mars 1621, la célèbre juridiction de Manville, qui remontait à l'année 1543 et que le roi François Ier avait accordée au chevalier

Claude Ier de Manville pour la somme de 753 florins et
4 sols. L'Église réformée des Baux perdit du coup son
pasteur et son autonomie et dut se rattacher à celle d'Eyguières, qui était la plus rapprochée.

Le 11 mai suivant, mourut Jacques de Boches, ex-séné-
chal de Beaucaire et de Nîmes, seigneur de Vers, Sédéron
et Vacquières, baron de cette ville des Baux, dont l'antique
manoir féodal lui servit de résidence pendant plus de
40 ans. Issu d'une vieille et noble famille d'Arles, héritier
de la grande fortune politique et des grands biens du capitaine Grille et de sa femme, dont il était le neveu par sa
mère, il se consacra entièrement à la politique et au service des rois de France qui se succédèrent pendant sa
longue vie. Aux sujets réformés des Baux et de Séderon,
il appliqua, en les aggravant, toutes les peines portées par
les édits royaux. Dès 1582, il arrêtait le magnifique mou-
vement religieux de 1570, qui donnait de si belles espé-
rances. Il doit porter devant l'histoire la responsabilité des
graves évènements de 1618-1621 que nous avons relatés.
Ce seigneur oublia volontairement les services qu'il avait
reçus des Réformés à l'époque de la Ligue, et les liens du
sang qui l'unissaient à eux, ternissant ainsi par une admi-
nistration intolérante sa gloire de grand capitaine et de
lettré. Son corps fut porté à Arles dans l'église Saint-
Trophime, pour être déposé dans la crypte de la chapelle
actuellement consacrée au Sacré-Cœur, auprès des restes
de ses père et mère, Joseph de Boches et Marguerite de
Béaujeu ; de Geneviève d'Elbène, sa femme, et de l'in-
fortuné chevalier de Guise, décédés tous les deux aux
Baux, l'une le 17 mai 1593 et l'autre le 1er juin 1614, vic-
time de son imprudence en pointant un canon.

A partir du mois de juillet, les Réformés furent exclus
des assemblées et des charges publiques. Le nouveau
baron, comte de Villeneuve, ne fit rien pour eux ; mais,
en 1631, le sieur de Manville, Pierre de la Tour et
Pierre Cabardet firent exposer au conseil, réuni le 8 juillet

« qu'ils ont toujours esté et sont de present bons serviteurs du roi et qu'ils peuvent assister a ce conseil suivant
les edits du roy, joint a ce qu'ils ont de quoi perdre
autant que personne de cette ville. » Nicolas de Martins,
sieur de Vaudargent, accueillit favorablement leur de-
mande et permit à ceux de la Religion de prendre part
aux travaux de l'assemblée « pour cette fois sans conse-
quence, et jusques a ce qu'il y ait esté par lui autrement
proveu. » Ce provisoire devait durer 3o ans.

Le jeudi 20 octobre 1636, Jean Jaubert de Barrault de
Blagnac, archevêque d'Arles, vint aux Baux. Il ordonna
« de ne pas permettre a ceux de la religion pretendue
reformée de traverser le cimetiere de Sainct-André et
le faire fermer afin que le betail n'y entrat point. »
En 1667, il fut défendu d'ensevelir dans le cimetière
protestant que l'on jugea trop rapproché de celui des
catholiques. Dans le cas où l'ordonnance royale serait
maintenue, Pierre Peyre Cabardet offrit pour cimetière
l'une de ses terres, appelée la Covillière, à droite de
l'ancien chemin des Baux à Saint-Remy et entre Bau-
manière et les Portalets.

Vers 1670, un soi-disant chirurgien, nommé Brocard
Brosse, originaire de Tarascon, et qui avait déjà exercé à
Maillane, vint s'établir aux Baux. Cet aventurier fit dé-
clarer faussement par Jeanne Meyran, atteinte de la tei-
gne, que les Réformés avaient tiré des coups de pistolet
contre la porte de sa maison. Cette malade déclara, en
1674, par devant Honoré Peyre, notaire, qu'elle avait
menti ; que son guérisseur lui avait promis pour son men-
songe une robe et une paire de souliers neufs, et qu'elle
avait été aussi intimidée par des menaces. D'un autre
côté, la Société de la Propagation de la Foi achetait les
âmes faibles ou vénales. Victoire Roubaud, originaire de
Séderon, reçut de cette société 3o livres (1) et un époux,

(1) Pièces justificatives n° III;

Celui-ci s'engagea à restituer la somme reçue dans le cas
où sa femme « viendroit a se pervertir, que Dieu garde. »
On avait aussi recours à de fortes amendes pour des motifs
futiles. Le 29 mai 1675, messire Jean Girot, prêtre d'Arles,
en résidence aux Baux, intentait un procès contre André,
Alexandre, Jean et Benjamin Chamard, pour avoir traversé
le cimetière et la terre de l'hôpital, en allant à leur vigne.
Ils furent condamnés par le juge des Baux à une amende
de 100 livres, qui furent affectées à l'hôpital.

Au mois d'octobre 1685, le comte de Grignan, intendant de Provence, envoya 4 compagnies de dragons pour
convertir les religionnaires. Grâce aux moyens employés,
le résultat espéré fut obtenu en très peu de temps. Dans
les journées des 16, 17 et 18 octobre, il y eut 200 abjura-
tions dans les églises de Mouriès, des Baux et du Paradou.
Dans la première, elles se firent par familles, et dans les
deux dernières, en masse. Parmi ceux qui résistèrent à ces
moyens sauvages, nous devons citer : Ysabeau Peyre, veuve
d'Isaac de Retz, du lieu de Lançon ; Nicolas Peyre, son
frère, des Baumettes de Mouriès et Jean Nante. Les
dépenses occasionnées par les *missionnaires bottés* s'éle-
vèrent à la somme de 384 livres.

L'Église avait eu pour pasteurs : Barthel. Récend, en 1605 ;
Jacques Piallat, 161,-21 ; Paul Maurice, 1621-59 ; Charles
Maurice, 1664-85 (ces deux derniers résidaient à Eyguières) ; et enfin Théophile Ponet, de Mérindol, vers 1663.
Il était pourvu à leur entretien par des dons en nature,
des souscriptions et des legs. Ainsi, en 1623, le sieur de
Manville légua 60 livres ; en 1627, le sieur de Lagoy
et Romani, 50 livres de rente ; en 1653, Charles de
Rousset, 15 livres de rente ; en 1646, Madeleine Ricard,
3 livres de rente ; en 1666, Pierre Peyre Cabardet,
300 livres, etc. Les souscriptions pécuniaires et les dons
en nature étoient irrégulièrement acquittés par ceux que
l'on criblait d'impôts. Voici la liste des souscripteurs en
1672 : Mᵉ Chamard, 10 liv. ; Jacques Coye, 9 liv. ; Pierre

Peire, 12 liv. ; Laurens Coye, 9 liv. ; Mᵉ Simon Martel,
8 liv. ; sieur Simon Peire et les hoirs d'Honorat Peyre, 18
liv. ; Claude, Jacques et Jacob Peyre, frères, 18 liv. ; les
hoirs de Gédéon Peyre, 6 liv. ; Barthélemy Verpian, 9 liv. ;
Jacques Grougnard, 3 liv. ; Jacques Verpian, 3 liv. ; Marc
Verpian, 1 liv. 10 sous ; Jacques Verpian, cardeur, 1 liv.
10 sous ; Simon Verpian, 1 liv. ; André Bonnet, 1 liv. ;
Jean Ramet, 1 liv. ; Daniel Malan, 2 liv. ; Pierre Rey, 1
liv. ; Sauvaire Peire et Daniel Vien, 1 liv. 10 sous ; Anthoine Malan, 1 liv. ; Mᵉ Martel et Garnier, 3 liv. ; Honorade Surian, 1 liv. 10 sous ; la veuve Grivet, 1 liv. 10 sous.

Étaient anciens de l'Église en 1619 : Brisson Peyre,
bourgeois ; André Grivet, tailleur ; Nicolas Martel, arquebusier ; Simon Verpian, tailleur ; Jean Peyre de Guilhem ;
Jacques Peyre de Guilhem ; Jacques Peyre, fils de Pierre.

Au XVIIᵉ siècle, l'Église réformée possédait des person-
nages de distinction. C'étaient Pierre de la Tour du
Brau, fils d'Antoine, décédé en 1649 ; Jean Peyre, notaire, fils de Jeannon, plusieurs fois consul, secrétaire et
greffier de la communauté, qui s'unit par mariage avec la
famille Avignon, d'Arles, et mourut le 1ᵉʳ mars 1625 ;
Mᵉ Jean David, notaire, décédé en 1651, âgé de 73 ans,
lequel, lors de l'arrivée du chevalier de Guise, eut sa main
gauche emportée par un éclat d'arquebuse ; Pierre Peyre
Cabardet, fils de Eymon Peyre et de Françoise de Margot,
riche bourgeois, ami particulier de Pierre de Manville
et d'Honoré de Laugier. Il accompagna au 2ᵉ synode
tenu à Charenton, en 1631, le pasteur d'Eyguières, Paul
Maurice, et mourut en 1667 chez son gendre, Honoré Manson, notaire, âgé de plus de 83 ans. Enfin Pierre de Manville (1) décédé le 16 février 1663 et inhumé dans l'église

---

(1) Famille noble originaire de Toulouse, établie en Provence vers 1520
et représentée par les deux frères, Claude et Guillem. Ce dernier ne nous
est connu que par la mention faite dans un testament de Claude, en 1525,
(notaire André Salomé). Un acte de partage fait entre ses enfants Claude et
Jean, en 1548, (notaire Simon Salomé), nous donne celui de leur mère

Saint-Vincent, chapelle Sainte-Croix, fondée par Jean de Brion, beau-père de Claude Ier, son grand-oncle.

Le nombre des protestants alla toujours en diminuant. De 6 à 700 au XVIe siècle ; de 400 environ au commencement du XVIIe, ils n'étaient plus que 200 en 1685. L'Église reçut pourtant quelques éléments venus du dehors. Ce furent Jean Chamard, d'Orange, en 1642 ; Pierre Boussot, de Lourmarin ; Jean Doucende, de Gordes ; et An-

Marie de Aymar. Quant à Claude Ier, il fut un vaillant capitaine sur terre et sur mer. Sa belle conduite en Terre-Sainte, le fit nommer, en 1531, chevalier du Saint-Sépulcre, à Jérusalem même. François Ier confirma les faits accomplis, le nomma capitaine viguier des Baux, sous la dépendance de Anne de Montmorency qui, en avril 1528, obtint la baronnie. Le roi lui vendit encore la seigneurie de Manville avec tous les droits féodaux et voulut qu'il portât en son écu, au lieu de la main d'argent, un lion d'or sous une ville d'argent en chef de sable, en récompense de sa bravoure pendant l'invasion de la Provence, par Charles-Quint. Il mourut à Paris, en septembre 1547, laissant, ainsi que sa femme Philippe de Brion, décédée en 1553, la totalité de ses grands biens à celui de ses deux neveux qui résiderait aux Baux, avec l'obligation de construire un grand hôpital, lequel fut élevé plus tard vers 1566, au plan du château. Jean de Manville, fils de Guillem, était en 1559 gouverneur du château de Peyrolles et en 1561 et 1562 de celui des Baux. Il mourut en 1575 et fut remplacé par Pierre de Vérace. Quant à Claude II, partisan décidé de la Réforme, il avait épousé, le 15 septembre 1560, Yolande de Paul, fille de Jacques et de Marie de Camaret, décédée en 1626. De leur mariage naquirent : 1° Jeanne, mariée en 1599, à Pierre de Cabrol, lieutenant de port au bureau forain d'Arles ; 2° Marie, mariée au mois de mai 1600, à Pierre de Laugier, avocat au parlement ; devenue veuve le 11 juillet 1602, elle épousa, le 5 juin 1605, Pierre de Damians-Vinsargues, sieur du Vernègues ; 3° Madeleine, mariée en 1609, à Charles de Privat, sieur de Molières, décédée le 12 juillet 1660; 4° Suzanne, religieuse au couvent Ste-Claire, à Arles ; 5° Françoise et 6° Diane, qui moururent sans alliance, la première le 15 février 1664 et la deuxième vers 1656 ; 7° Pierre, qui fut le seul à notre connaissance, à persister dans la foi de ses pères. Il épousa, en 1609, à Courthezon, l'année même de son consulat, Julie de Cavaillon, décédée le 16 décembre 1654. Il se remaria catholiquement, en 1656, avec Catherine le Meingre de Boucicault, qui mourut le 12 juin 1695. A l'époque de son second mariage, il avait attiré auprès de lui son neveu Charles de Damians, auquel, moyennant une rente annuelle et viagère de 3.000 livres, il vendit tous ses biens. Ainsi fut tournée une clause du dernier testament de son père, mort en octobre 1604, qui aurait pu fournir matière à procès.

dré Bouer, de Cadenet, vers 1674 ; Bartagnon, de Roussillon, en 1698 ; Théophile Garnier, chirurgien d'Eyguières, vers 1680, etc. Ils favorisaient l'industrie des moulins à eau ; faisaient instruire à domicile leurs enfants, garçons et filles, par des instituteurs dont les actes notariés nous ont conservé le nom de quelques uns : André Arnaud, de Serres ; Antoine Pascaly, de Maillan ; Louis Fallavel, de Gordes. Très-soumis au roi et aux autorités établies, quand les droits de la conscience n'étaient pas engagés, ils menaient une vie laborieuse et pure, s'efforçant de réaliser d'une manière pratique ce qu'ils demandaient à Dieu chaque jour, en disant : « Bénis-nous donc, Seigneur, et à nos sorties et entrées, et fais que tout ce que nous fairons ou parlerons ou prendrons en mains ce jourd'hui, le tout tende à la gloire de ton grand Nom, à l'édification de nos prochains et consolation de notre propre conscience, quand il nous faudra rendre compte à notre dernière journée. »

III

L'abominable révocation de l'Édit de Nantes, qui eut des conséquences si désastreuses et rendit possibles les catastrophes du siècle suivant, remplit de confesseurs les galères royales et d'exilés les chemins des pays étrangers. L'église d'Eyguières subit le sort commun. Son temple fut détruit au mois de septembre 1685. Le pasteur Charles Maurice, avec plusieurs membres du troupeau, se retira en Suisse. Pendant ces temps difficiles et tourmentés, les nouveaux convertis de la vallée des Baux ne firent pour la plupart qu'une profession extérieure du culte oppresseur, bien qu'ils fussent dans l'obligation de faire constater publiquement leur présence au prône. Dans le fond de leur cœur, ils gardèrent leur foi, vivifiée par l'épreuve et par la lecture de la sainte Bible, du Psautier, de la Chaîne d'or, des Consolations contre la Mort par Drelincourt, qu'ils lisaient furtivement en les sortant avec précaution de leurs cachettes, car ils les avaient soustraits à la destruction au péril de leur vie et de leur liberté. Leurs enfants fréquentaient les écoles, où leur étaient enseignées les doctrines étranges d'une exégèse fantaisiste, contenue dans le catéchisme de Pierre Canisius, jésuite, nouvellement traduit (1). Par moquerie, on jouait dans les couvents de Tarascon et ailleurs *L'hérésie de Calvin*, et leurs morts étaient abandonnés au prêtre ou enterrés de nuit dans le jardin ou dans le cellier de la maison. Les hommes et les femmes étaient outragés publiquement dans leur caractère sacré de père et de mère, et les immondices de la nuit étaient jetées jusque dans leurs habitations. Cela dura 70 ans, et l'on comprendra que nous taisions les noms.

Voici une brève indication des documents qui concernent les Réformés : A la date du 13 mai 1691, messire Bonnet, vicaire de Saint-Jacques de Mouriès, sollicitait une contribution pour l'entretien d'une personne propre à donner l'éducation aux enfants des nouveaux convertis. Faute de fonds, le conseil refusa.

Le 12 juillet 1693, Pierre Robert, serrurier, fut chargé de mettre en état les armes rouillées (fusils, épées et sabres) ayant appartenu aux nouveaux convertis. Le 17 août suivant, fut promulguée une ordonnance royale portant que les enfants des nouveaux convertis iraient aux offices et aux écoles ; que les curés, vicaires et maîtres d'école tiendraient un rôle dont le double serait envoyé à l'intendant et que les parents des élèves insoumis seraient frappés d'amendes, qui s'accroîtraient avec la récidive et dont le montant serait affecté aux pauvres.

En 1696 et le 14 novembre, le comte de Grignan fit défense aux nouveaux convertis de tenir chez eux *aucunes armes, bales, poudre, mèches* pendant deux ans.

Au mois d'octobre 1698, on fit procéder au dénombrement des nouveaux convertis, qui se trouvaient aux Baux et dans son terroir.

(1) Pièces justificatives n° IV.

En 1699 et au mois de janvier, on fit transporter comme prisonniers à Aix tous les habitants du hameau du Destet, à l'occasion de l'inhumation, faite pendant la nuit, d'un nommé Vien, nouveau converti.

Au mois d'avril 1704, le comte de Grignan fait visiter les maisons des nouveaux convertis par un de ses gardes, afin d'en ôter les armes, les livres de religion et prendre le nom des valets. Ordre fut aussi donné aux gardes des Baux de se tenir sur les chemins de Mouriès et du Paradou et d'arrêter tous les étrangers non munis de passeports légaux.

Le 4 mai 1704, « Pierre Peyre n'a pas balloté pour être nouveau converti. »

En 1725, plusieurs habitants de Mouriès adressèrent à Jacques II de Forbin-Janson, archevêque d'Arles, une supplique pour demander un maître et une maîtresse d'école pour les enfants des nouveaux convertis, afin de les instruire dans la religion catholique.

Le 27 mars 1735, le pasteur François Roux présidait une assemblée aux Beaumettes de Mouriès. Le 17 avril 1748, le pasteur du désert, Étienne Rolland, bénissait le mariage de Jean-Louis Peyre avec Suzanne Jean, de Lacoste. Le 31 juillet suivant, le pasteur Paul Rabant baptisait Madeleine Boussot.

Le 5 décembre 1749, le consul Manson, par ordre de l'intendant, fit enlever de nuit Suzanne Bouer, âgée de 15 ans, fille de Thomas, qui habitait le Destet. Cette jeune fille fut enfermée à Arles dans un couvent, d'où elle ne revint jamais. L'année suivante, le même Thomas Bouer était emprisonné à Aix pour avoir fait baptiser un de ses enfants dans une assemblée tenue au désert, et l'intendant imposait une amende de 300 livres sur tous les religionnaires des Baux.

Le 10 mars 1732, le baptême de Madeleine Serres, fille de Étienne et de Marie Verpian, fut célébré par le pasteur Paul-Auguste Lafon. Le 15 février 1762, le pasteur Jean-

Jacques Pic fit celui de Anne Peyre, fille de Honoré et de Izabeau Meinard. Même année et le 8 mars, le curé de Mouriès ayant refusé la sépulture ecclésiastique à Marie Meynard, parce qu'elle était protestante, le juge des Baux ordonna « qu'elle serait inhumée a la diligence des parents. » En 1766 et le 8 mai, Marie-Marguerite Bartagnon, fille de Jean et de Marie Nègre, fut baptisée par le pasteur Benvignat Noé.

A la date du 8 mai 1767, on manda faussement de Lyon que le roi devait rendre un édit pour remettre les protestants, tels qu'ils étaient avant la révocation de l'édit de Nantes.

Le 18 octobre suivant, baptême de Palein Mathieu, par le pasteur Jean Martin. Le 11 novembre 1773, baptême de Jeanne Bartagnon, par le pasteur Jean Chabaud. En 1778 et le 24 février, baptême d'Élisabeth Verpian, par le pasteur Bertrand.

Tous ces actes pastoraux nous donnent les noms de ces héroïques serviteurs de Dieu qui, au péril de leur vie, venaient au nom du Christ panser les blessures de la fille de Sion, visiter les malades, consoler les mourants, baptiser les enfants, bénir les mariages, prêcher fidèlement l'Évangile dans des assemblées nocturnes, tenues dans des lieux écartés et sauvages, au quartier du Destet, de *darnier lou castèu*, et aux Beaumettes.

En 1785, cent ans après la révocation de l'édit de Nantes, le nombre des mariages fut de huit. Le 4 janvier de cette année, le pasteur Pic avait imploré la bénédiction du Seigneur sur le mariage de Verpian André et de Marie Vien. La cérémonie avait eu lieu dans la *baumo* de Denis Verpian, père du marié.

En 1787, parut l'Édit de Tolérance. Malgré ses lacunes voulues, il mit un terme à des souffrances extraordinaires et répandit la joie et la consolation dans toutes les familles protestantes. Plus de 30 chefs de famille vinrent faire devant le prêtre les déclarations légales. Le mariage de

Barthélemy Boussot avec Marie-Magdeleine Peyre remontait au 14 juin 1747 !

Le 13 juillet 1788, de Bonnecorse de Beauregard étant maire des Baux, le conseil décida que les sieurs Manson, notaire, et André Peyre seraient chargés de choisir un terrain pour servir de cimetière aux non-catholiques. Ces deux experts portèrent leur choix sur une portion de l'hoirie de Michel Bassac, sise au quartier de la Vidalle, limitée au midi par le chemin d'Aureille ; mais les graves évènements qui ne devaient pas tarder à se produire empêchèrent la réalisation de ce projet.

Pendant la Terreur, le sort des protestants fut pitoyable. Les grands biens qu'ils possédaient et la considération dont ils étaient entourés les exposèrent à de grandes tribulations. En attendant l'interdiction des cérémonies du culte, le pasteur était dans l'obligation, à Eyguières, de baptiser au pied de l'arbre de la Liberté. Les notables durent s'enfuir. Jean Bartagnon se réfugia à Eyguières, à Mérindol, à Cadenet, à Lourmarin, et finalement à Nîmes. Pierre Roussier, son gendre, fut emprisonné à Tarascon ; le sieur Gauthier de Fontfrège et Barthélemy Boussot furent détenus à Marseille dans le fort Saint-Jean. Le boucher Verpian disparut pour toujours. On présume qu'il fut guillotiné.

On reprit les assemblées le 21 juin 1801. Deux ans plus tard, au mois d'octobre 1803, le premier consul Bonaparte fit décréter que les 250 protestants de la vallée des Baux et les 50 qui se trouvaient à Eyguières constitueraient avec ceux de Laroque une église rurale, distincte de celle de Marseille, ayant pour chefs-lieux Mouriès et Laroque. La nouvelle paroisse, qui devoit se scinder en 1840, eut deux conseils d'anciens, deux délégués au Consistoire général et un pasteur, Jean-Jacques Pic, ce vétéran des anciens et mauvais jours, qu' « une même nuit voyait arriver et repartir. » Il choisit sa résidence à Lourmarin, où il mourut le 23 mars 1812, âgé de 76 ans.

Tel est dans ses grands traits l'historique d'une obscure petite église de la Provence. Elle a dû pendant longtemps combattre sans répit, avec des armes spirituelles, pour conquérir son droit de vivre et assurer son existence.

DESTANDAU.

PIÈCES JUSTIFICATIVES.

I

Anno a nativitate Domini 1535 et die quarta mensis maii, de mandato domini reverendi patris domini vicarii et officialis Arelatensis et ad instantiam magistri Georgii Bruni, habitatoris ville Sancti Remigii, fuit excommunicatus dominus Guillermus Ricardi, diaconus, et agravat et reagravat usque ad participatus et post ad brachium seculare.

Ita est. Petrus Coleti, curatus olim Baucii.

(Registre des baptêmes des Baux: Archives
du tribunal de Tarascon.)

II

Lettre de Claude de Tende aux consuls des Baux.

Consuls des Baulx. Oultre la charge que le sieur de Manville a de votre ville et chasteau, je luy ay donné charge d'avoir l'œil et se prendre garde des affaires que se presenteront et y pourvoir, aulx fins qu'il vera le cas le requerir. A ceste cause, je vous prie et neantmoings ordonne, confirme entierement ce qu'il vous ordonnera, tant por le service du Roy, que seureté, thuition et deffense de votre ville. Au demeurant, j'ay entendu que vous debviez bientost proceder a la creation des nouveaulz consulz et officiers de la maison commune de vostre ville, et pour ce que je desire que se soient des plus aparans et gens de bien que y sont, affin que toutes choses et mesmes la tranquilleté et repos public de vostre ville se pourte mieulx, je vous prie donner ordre qu'en faisant ladite nouvelle creation soient esleus et creés les consulz, conseillers et officiers des plus califfiés, solvables et gens de bien, non querelleurs de vostre ville ; vous voullant bien dire que s'ilz sont d'aultre callibre, qu'ils recepvront peu d'honneur, car je les feray demettre de leurs charges, et seront mis d'aultres en leurs plasses. Pour ce, faictes que les affaires commungs de vostre ville soient maniés par personnes de qualité requise et qui mettent peyne de entretenir toutes choses en paix, doulceur et tranquillité, ainsi qu'est l'intention de Sa Majesté. Sur ce, je prie Dieu vous donner ce que vous desirés.

A Ayguilles, le vingt huictiesme april mil v⁰ lxii.

Votre bon amy.

CLAUDE DE TENDE.
(Registre des délibérations des Baux, art. 36, n⁰ 1384,
à la mairie de Maussane.)

III

Requisition faicte par M⁵ Richard Sordet a noble Gauchier de Quiqueran, gouverneur des Baulx.

L'an a la nativité Nostre Seigneur mil cinq cens soixante trois et le douziesme julhet, au present lieu des Baulx et dans la botique du greffe, en presence de moy, notaire royal soubsigné et tesmoingts soubz nommés, c'est presenté M⁵ Richard Sordet, procureur du Roy dudit Baulx, lequel ayant la presence de noble Gauchier de Quiqueran, seigneur de Ventabren et de Mejanes, gouverneur dudit Baulx, lequel a ce requis par le debvoir de sa charge a ceste fin qu'il puisse plus meurement proceder au faict de sa dicte charge, s'il est proveu de l'estat et dignité de gouverneur aud. Baulx, et par qui il a esté receu, attendu que, come gouverneur, il faict faire les cris por la politique dudit lieu ; autrement et en son reffus, a protesté a l'encontre de tous despens, doumaiges et interetz, lui declairant a faulte de ne luy en faire aparoir, qu'il ne luy antera en rien et qu'il n'a aulcugne cognoissance audit Baulx. Ledict sieur a dict qu'il est notoyre a ung chascun aud. lieu qu'il a esté proveu aud. estat de gouverneur par Monseigneur le comte de Somerive, lieutenant général por le roy en Provence, puis le décès et trepas de feu noble Jehan de Quiqueran, son oncle, et que il ne ce peut ignorer, attendu qu'il a esté receu par le conseil general des manans et habitans dud. Baulx, auquel il auroit exhibé les lettres de sadite charge, et despuis il a exercé comme il exerce lad. charge et qu'il n'est aucunement tenu monstrer ses lettres, ains qu'il se retire si bon luy semble aud. sieur comte, et qu'il est notoyre a ung chascun qu'il est grandement suspect, attendu qu'il a trois fils qui sont de la nouvelle relligion, lui faisant inhibition et deffense, a pene de cent livres, de ne plus exercer son office jusques a ce qu'il aura plus amplement esté proveu aud. office, de quoy ils en ont requis [acte]. Faict et publié ou que dessus, en presence de M° Jacques Ferier, de Beaucaire, et M° Anthoine Promieu, tesmoings, et moy Loys Quenin, notaire royal dud. Baulx soussigné.

(Archives de M° Laville, notaire à Mouriès.)

IV

Acte de requisition et protestation par le procureur du Roy.

L'an mil v° soixante trois et le vingt neufviesme jour du mois d'aoust, par devant moy, notaire roial soubsigné et presens les tesmoingts soubznomés, a été constitué en sa personne M° Richard Sordet, procureur du Roy en la baronnie des Baux, lequel aiant les presences de honorables hommes M° Jehan Jullian et Anthoine Flandrin, consulz dudict Baux, leur auroit dict et remonstré, comme en l'année despassée mil v° soixante deux, ceulx que l'on appelle de la relligion refformée se estoyent emparés et saizis dud. lieu des Baux, qu'est une des principales fortaressé que Sa Majesté a au present comté de Provence et mesme du chasteau dud. lieu, dans lequel est construict une chapelle soubz le tiltre de saincte Catherine, laquelle lesdicts de la relligion auroient ruyné, rompu et brisé les ymaiges qu'y estoient, et que plus est, estant en lad. année le siege por ledict sieur devant ledict lieu des Baux, lesdicts de la relligion auroient bruslé et faict consumer en ting grand feu a la pourte faulce dud. chasteau comme buffetz, tables, bancs, scabelles, pourtes, lictz, coussiers et autres et randu icelluy presque inhabitable, au grand interestz et doumaige de Sa Majesté, et por aultant que le sieur cappitaine dud. chasteau est deputé en court et son lieutenant absant dud. Baux, qu'il y a grand troupe et nombre desdicts de la relligion assemblés tant au comté de Venisse qu'au lieu d'Orgon, et qu'aud. Baux il y en a de quarante cinq a cinquante dud. lieu que se y sont retirés, doubte que led. chasteau ne soit autrefois surprins par lesdicts de la relligion refformée, que revauldroit non seullement au grand doumaige et perte dud. seigneur, ains dud. comté de Provence et singulierement des lieux chircumvoisins, por quoi yceulx a sommé et requis que por le service de Sad. Majesté, thuition et garde dud. chasteau, il y avoit a mettre dans icelluy chasteau quelque nombre de gens fiables, a tout le moings jusques a cinq ou six, pour le garder jusques a ce que led. sieur cappitaine ou son lieutenant soient de retour aud. Baux, ou que autrement par ceulx qu'il appartiendra y soit porveu ; autrement et en deffault de ce, a protesté et proteste contre les sieurs consulz des inconvenients qu'en pourroit advenir et de les en faire respondre en leurs propres privés noms, demandant response et acte; lesquels sieurs consuls ont respondu que por le service dud. seigneur ils s'emploieront en tout ce que leur sera commandé et y emploieront leurs biens et vies. Faict et passé aud. Baux et dans la bothique de moy dict notaire, en presence de...

> *(Actes du notaire Pierre Manferel : Archives de Mᵉ Th. Fréchier, notaire à Maussane.)*

V

Quitance contenant recognoissance pour la compagnie de la Propagation de la Foy erigée en la ville d'Aix et Victoire Roubaude contre Anthoine Guillaume.

L'an mil six cens huictante deux et le troizieme jour du mois de septembre après midy, par devant moi Honoré Peyre, notaire royal de ceste ville des Baux soubsigné et tesmoings bas nommés, constitué en personne Anthoine Guilhaume, travailleur dudict Baux, lequel de son gré, en qualité de mari et maistre des biens et droicts de Victoire Roubaude, convertye en la foy catholyque, apostolique et romaine, puis le quatriesme avril mil six cens huictante un, jour du vendredi sainct, a dict et confessé avoir receu de la Compagnye d'Aix abcente, et par les mains du sieur Vincens Sallomé, bourgeois dud. Baux, presant, stipullant et acceptant pour ladicte Compagnie de la Propagation, avec moy dict notaire, la somme de trente livres, illec reallemant et contant en escus blancs, par led. Guilhaume a soy rettirée et emboursée, au veu de moy dict notaire et tesmoings, pour un don gratuict que lad. compagnie faict a lad. Roubaude a occquasion de ce qu'elle c'est convertye a la foy, et laquelle dicte somme de trente livres, led. Guilhaume l'a bien et duement recognue et assurée sur tous et chascuns ses biens, meubles et immeubles presants et advenir, en faveur de lad. Roubaude sa femme, pour en cas de restitution, que Dieu ne veuilhe, icelle dicte somme de trente livres luy estre sauvée et randue dud. sieur ou la moityé à lad. Compagnye, en cas que lad. Roubaude vienne a mourir sans enfants, voire le tout au cas qu'elle vint a se pervertir, que Dieu garde; et pour l'observation de ce dessus, a led. Guillaume soumis et obligé tous et chascuns ses biens meubles, immeubles, presants et advenir, aux cours des submissions de Provence et a toutes autres, ou besoing sera d'agir et recourir. Ainsin l'a juré. Faict et publié aud. Baux et dans l'estude de moy dict notaire, en presence de messire Louis Chayne, prestre segondere, et Pierre Laurens, sergent royal dud. Baux, tesmoings requis et soubsignés, avec led. sieur Sallomé, quy ont souscript; led. Guillaume et Roubaude on dict ne savoir faire, de ce requis suivant l'ordonnance.

> Sallomé; Chaine, prestre; Laurens; Peyre, notaire.
>
> *(Copie en notre possession.)*

VI

Profession de foy.

Je. . . . . . crois de ferme foy tout ce que l'Eglise Catholique, Apostolique, Romaine croit et professe, je condamne et rejette très-sincèrement toutes les hérésies et opinions erronées que la même Eglise a condamnées et rejettées. Ainsi Dieu soit à mon aide, ses saints Evangiles, sur lesquels je jure de vivre et de mourir dans la profession de cette même foy.

Et ce entre les mains de. . . .

en présence de témoins soussignez. . . .

Fait à . . . . ce jour du mois de. . .

> *(Catéchisme ou instruction familière sur les principales veritez de la Relligion catholique par demandes et réponses. Très-utile aux nouveaux convertis, par Pierre Canisius, de la Cⁱᵉ de Jésus. Paris, Etienne Michallet, 1686. Avec approbation et privilège du Roi. — Ouvrage en notre possession.)*

9 782019 475376